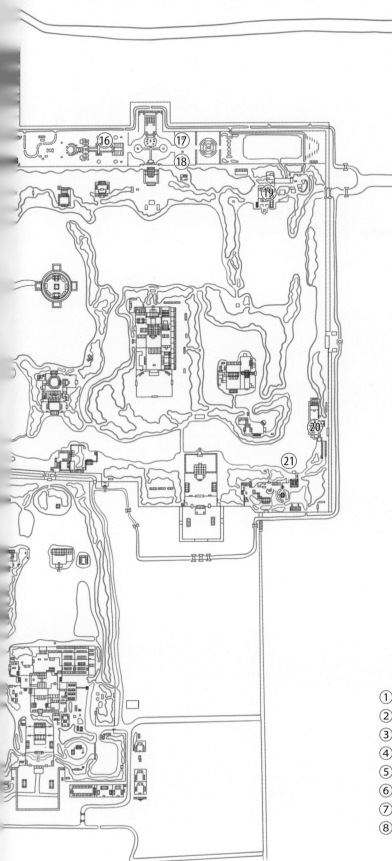

圆明园盛时平面图

① 紫碧山房
② 武陵春色（桃花坞）
③ 澹泊宁静（田字房）
④ 万方安和（万字房）
⑤ 山高水长
⑥ 坦坦荡荡
⑦ 后湖
⑧ 九州清晏

⑨ 镂月开云（牡丹台）
⑩ 正大光明殿
⑪ 福海
⑫ 方壶胜境
⑬ 万花阵
⑭ 养雀笼
⑮ 谐奇趣
⑯ 海晏堂

⑰ 大水法
⑱ 观水法
⑲ 狮子林
⑳ 鉴园
㉑ 如园
㉒ 正觉寺

编委会

邱文忠　李向阳　马靖妮　余　娜　余　莉　单志刚　刘　瑜

翻开《圆明园》，尽览皇家园林的宏伟与精致，感受中华文化的博大精深。

——邱文忠
圆明园管理处党组书记、主任

图书在版编目（CIP）数据

圆明园 / 圆明园管理处著；李叶蔚绘． — 北京：北京科学技术出版社，2024.5
ISBN 978-7-5714-3807-4

Ⅰ．①圆… Ⅱ．①圆… ②李… Ⅲ．①圆明园 – 介绍 – 儿童读物 Ⅳ．① K928.73-49

中国国家版本馆 CIP 数据核字 (2024) 第 065322 号

策划编辑：阎泽群	电　话：0086-10-66135495（总编室）
责任编辑：阎泽群	0086-10-66113227（发行部）
封面设计：沈学成	网　址：www.bkydw.cn
图文制作：天露霖文化	印　刷：雅迪云印（天津）科技有限公司
责任印制：李　茗	开　本：787 mm×1092 mm　1/12
出 版 人：曾庆宇	字　数：50 千字
出版发行：北京科学技术出版社	印　张：4
社　　址：北京西直门南大街 16 号	版　次：2024 年 5 月第 1 版
邮政编码：100035	印　次：2024 年 5 月第 1 次印刷
ISBN 978-7-5714-3807-4	

定　价：52.00 元

圆明园

圆明园管理处 著　李叶蔚 绘

北京科学技术出版社
100 层童书馆

清朝是满族人建立的王朝。他们原本生活在寒冷的东北，以渔猎、游牧为生。来到北京之后，他们十分不适应这里的生活，非常渴望亲近大自然。

于是，清朝的皇帝在北京修建了很多有山、有水、有树的园林，有的自己住，有的赐给皇族成员居住。其中一座园林，位于京城西郊的海淀。这座园林经过雍正、乾隆、嘉庆、道光、咸丰五位皇帝的不断增建、改建，成了我们熟知的圆明园。

海淀是什么意思？

"淀"指浅水湖泊，"海淀"一词最初是淀大如海的意思。清朝时的海淀群山环绕，有湖泊、沼泽等，风景十分秀美，非常适合建造园林。

中国的地势西高东低，所以人们在平地上挖湖、堆土，也把圆明园建造成西高东低的园林。在圆明园的西北角，有一个叫紫碧山房的地方，位于全园的最高处，它代表着传说中的西方神山——昆仑山；在圆明园的东部，有一个叫福海的湖，它是全园最大的湖，代表着传说中的仙海——东海。

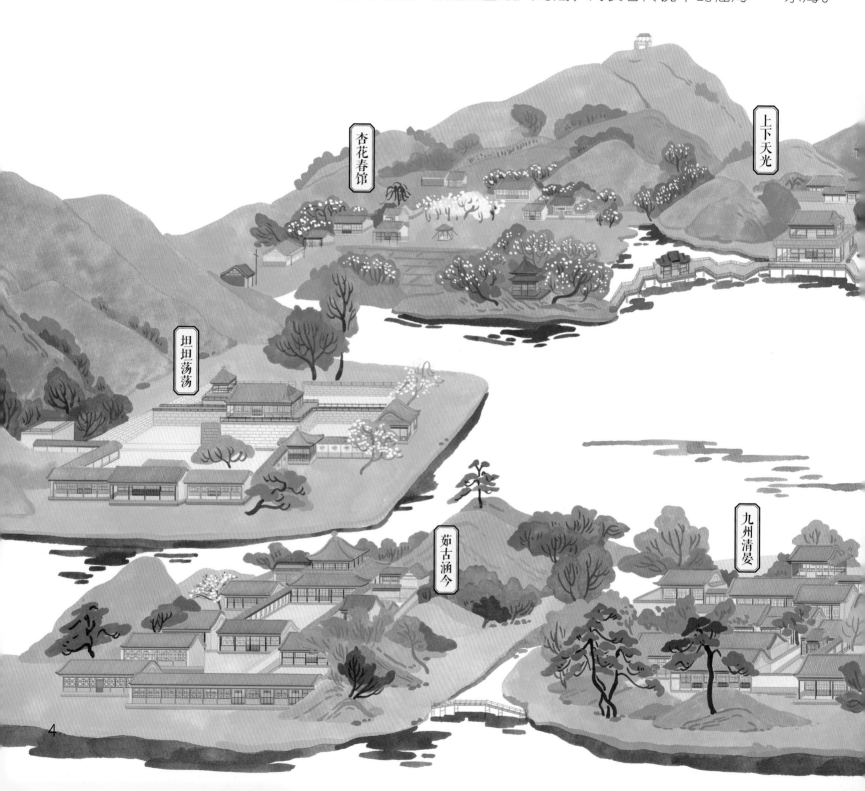

杏花春馆

上下天光

坦坦荡荡

茹古涵今

九州清晏

4

圆明园中皇帝和后妃们居住的地方，就位于圆明园的九州清晏区域，由后湖及周围的九座小岛组成。"九州"象征整个国家，有皇帝在圆明园中就能一统天下的寓意。九州清晏区域中最大的岛叫作九州清晏，这个名字表达了皇帝希望天下太平，百姓都能过上好日子的愿望。

慈云普护

碧桐书院

天然图画

镂月开云

　　圆明园的水景非常秀美。传说中，神仙们住在一个叫东海的地方，那里有三座仙山——蓬莱、方丈、瀛洲。圆明园按照"一池三山"的布局，修建了福海，并在其中建了三座小岛，也叫作蓬莱、方丈和瀛洲。

　　每年端午节，福海都会举行盛大的龙舟比赛，皇帝、王公大臣和外地来的使臣会在福海西侧高高的望瀛洲亭中观看比赛。很多华丽的龙舟疾驰在福海上，锣鼓声和呐喊声震天动地，非常热闹。

　　福海确实是福地。有一年，京城发生了地震，圆明园中的很多建筑都倒塌了，雍正皇帝无处可去，最后就是在福海的一艘龙舟上避难的。

江南园林景色优美，乾隆皇帝也非常喜爱。不过，身在北京的皇帝毕竟不能经常去江南游玩。于是，皇帝就下令让宫廷画师把江南园林画下来，再让工匠在圆明园中进行仿建。

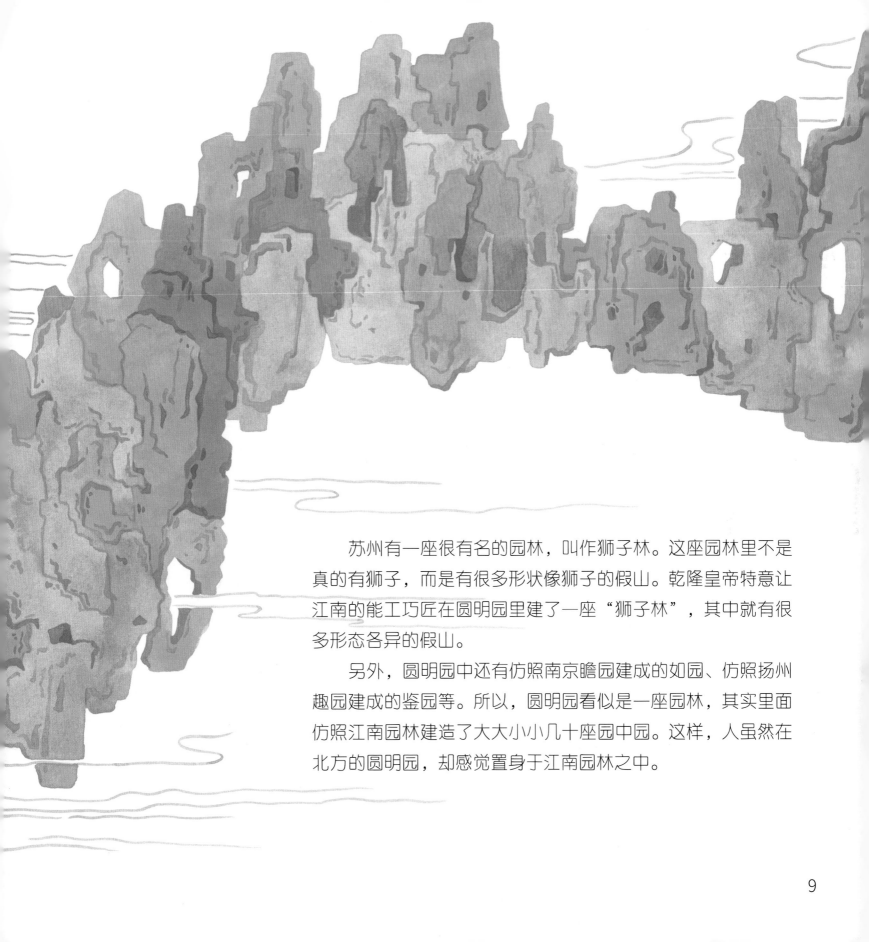

苏州有一座很有名的园林，叫作狮子林。这座园林里不是真的有狮子，而是有很多形状像狮子的假山。乾隆皇帝特意让江南的能工巧匠在圆明园里建了一座"狮子林"，其中就有很多形态各异的假山。

另外，圆明园中还有仿照南京瞻园建成的如园、仿照扬州趣园建成的鉴园等。所以，圆明园看似是一座园林，其实里面仿照江南园林建造了大大小小几十座园中园。这样，人虽然在北方的圆明园，却感觉置身于江南园林之中。

除了江南美景，圆明园中还有像仙境一样的方壶胜境——建在水中的汉白玉台基上矗立着金灿灿的宫殿，当水面被雾气笼罩时，这里就像神话中的天宫一样梦幻。

中国古代有一位非常有名的诗人、散文家叫陶渊明，他在《桃花源记》中描写了一个远离俗世喧嚣、没有忧愁和烦恼，只有快乐和美好的地方，这个地方叫作桃花源。圆明园中也有这样一处世外桃源。

乘坐小舟穿过青石堆砌的桃花洞，再经过一段窄窄的小溪，就来到了桃花坞。
这里的房屋非常简朴，屋外还有农田，一点儿都不像皇家的园林，反而像农人的村落。
每到阳春三月……

……这里万株桃花齐齐盛开，山坡上、水面上落满了粉色、白色的桃花花瓣，就像铺了一张巨大的地毯。

这里后来改名为武陵春色。

圆明园也是一座神奇的植物园。在这里，你不仅可以看到北京常见的松树、梧桐、月季，还可以看到江南的梅花和芭蕉、塞北的敖汉莲、新疆的桑树、南亚的波斯桃，甚至还有欧洲的含羞草。

为了让一些不耐寒的植物在圆明园里茁壮生长，圆明园内外建了很多半地下的小型温室，叫作花洞。这样，无论什么季节，圆明园里都有生机勃勃的绿色植物和美丽的花朵。

圆明园建成早期，很多地方是用植物命名的，比如牡丹台、竹子院、梧桐院……其中最特别的就是牡丹台了。牡丹象征富贵吉祥。牡丹台有名，不仅因为这里种植了从全国各地挑选来的名贵牡丹，还因为康熙皇帝曾在四皇子胤禛（雍正皇帝）的陪同下，在这里第一次见到了他的孙子弘历（乾隆皇帝）。所以，这次会面被后世称为"三朝天子相会于牡丹台"，成为一段佳话！

圆明园还是一座动物园，里面养了孔雀、鹦鹉、丹顶鹤、鸳鸯、牛……最受欢迎的可能就是丹顶鹤了。在中国传统文化中，丹顶鹤是很优雅的鸟儿，它们高贵、美丽、怡然自得。西洋楼里有一组建筑叫作养雀笼，那里饲养了很多珍贵的鸟儿。

在圆明园中皇帝的寝宫旁——九州清晏附近，有一个又大又深的金鱼池，池内有很多由太湖石围成的鱼窝。天寒地冻的时候，虽然池水结冰了，但是鱼窝中的温度较高，水并不会结冰，鱼儿可以在这里安然过冬。乾隆皇帝还为这座鱼池起了一个好听的名字，叫坦坦荡荡，意思是只有先成为一位胸怀坦荡的君子，才能成为一位好帝王。

圆明园中有一座田字形的建筑，叫作田字房。皇帝之所以建这样一座房子，是为了提醒自己重视农业。毕竟，让百姓吃饱饭是天下头等大事。有时候，皇帝还会在田字房北边的田地里举行亲耕仪式，以表示对农业的重视，祈求每年都能大丰收，百姓可以丰衣足食。

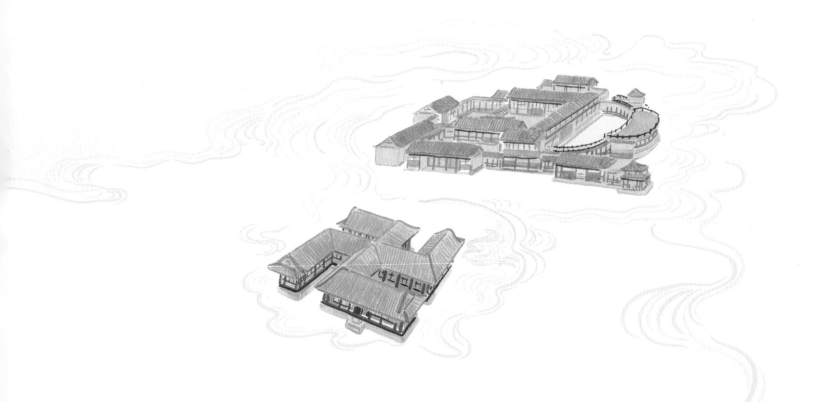

除了田字房，圆明园中还有很多造型奇特的房子，比如象征天下太平的万字房、像眉毛又像弯月的眉月轩。在圆明园中，总能看到有趣的房子。

在圆明园里生活真是太舒服了，皇帝一年中有很多时间都是在圆明园中度过的。为了举办重要的活动，比如接见外国使臣、举行大型宴会或者进行殿试，圆明园中还修建了一座像故宫的太和殿一样规模宏大的正殿——正大光明殿。不过，它周围有青山绿水，看起来比较"活泼"。

有一次，一位名叫马戛尔尼的英国使者来到中国，他带来了许多代表先进技术的礼物，比如能模拟太阳系星球运转的天体运行仪、精确标记了许多国家的位置和航海路线的地球仪、最新且最厉害的榴弹炮……可惜的是，乾隆皇帝虽然让人把这些礼物摆放在正大光明殿，但是并没有重视它们。很快，这些东西就被放到仓库里，无人问津了。

　　每逢节日，圆明园中的活动十分丰富。每年最盛大的节日之一就是正月十五的上元节（元宵节）。从正月十三一直到正月十九，这里每天都会举办很多精彩的活动，其中在山高水长举办的武帐宴最值得期待，宴会上会有摔跤、爬杆、高空走绳索和跳舞等表演！

　　上元节的压轴大戏是放烟花！五颜六色、形态各异的烟花在夜空中绽放，火树银花，流光溢彩，让人眼花缭乱。

你知道吗？圆明园里有两条和闹市里商业街一样的街，叫作买卖街。元宵节的时候，皇帝和一些王公大臣或者后宫嫔妃会来这里体验逛街的乐趣。在这里，家具店、首饰店、书店、钱庄、茶馆、饭馆等店铺一应俱全，丝绸、棉布、瓷器、水果、首饰等货物无所不有。这些店铺看起来和外面的店铺几乎一样，有人扮演掌柜，有人扮演顾客，甚至还有人扮演小偷呢。

法国凡尔赛宫在全世界都享有盛名，乾隆皇帝就很不服气，心想：我们中国地大物博，怎么能输给法国呢？于是，他让来自西方的设计师为圆明园设计一些欧式建筑（西洋楼），要比凡尔赛宫更宏伟、更有气势。

很快，圆明园的第一座欧式水法（即喷泉）大殿——谐奇趣就建好了。这座弧形的大殿两端是演奏厅，人们可以在这里演奏乐器。楼前有一座大型海棠式喷水池，池中有铜羊、铜鸭和翻尾石鱼等可以喷水的雕塑。谐奇趣西北有一座高高的蓄水楼。人们用骡子拉动水车，把水注入楼上的蓄水池里，再使水通过地下铜管连接的各喷水口一起喷出，形成美丽的喷泉。

当然，如果建造一些和西方一模一样的房屋，岂不是成了"学人精"。和典型的欧式建筑相比，圆明园的西洋楼有很多创新。

西方的园林讲究整体对称，而中国的园林崇尚自然。所以，西洋楼景区有特意设计的蜿蜒的小河和乱石堆砌的河岸。西洋楼的屋顶也设计成了中式的琉璃瓦屋顶。此外，西方很多建筑上都有人体雕像，这实在不符合大清的国情，于是西洋楼上的装饰改成了精美的花草图案，精致又大方。

在圆明园中，最著名的喷泉当属海晏堂喷泉，其中有十二生肖的铜像。每个生肖都穿着漂亮的衣服，做出不同的动作，比如兔子摇着纸扇、小猪抱着弓箭。每个时辰内，与该时辰所对应的生肖口中就会一直喷水。通过观察在喷水的生肖，就能知道现在大概是什么时间啦！

每天正午时分，十二尊铜像会一齐喷水，声音就像山洪暴发一样，可震撼啦！

在西方传说中，迷宫是一种有魔力的建筑，象征着只有通过曲折、艰辛求索，才能实现目标。圆明园中也建造了一座迷宫——万花阵。每到中秋节的晚上，皇帝会坐在迷宫中央的高亭中，让宫女们每人手里提一盏黄色纱灯进入迷宫，最先到达亭子中央的人就能得到奖赏！夜空下闪烁的灯笼看起来就像一只只飞舞的萤火虫，美极了！

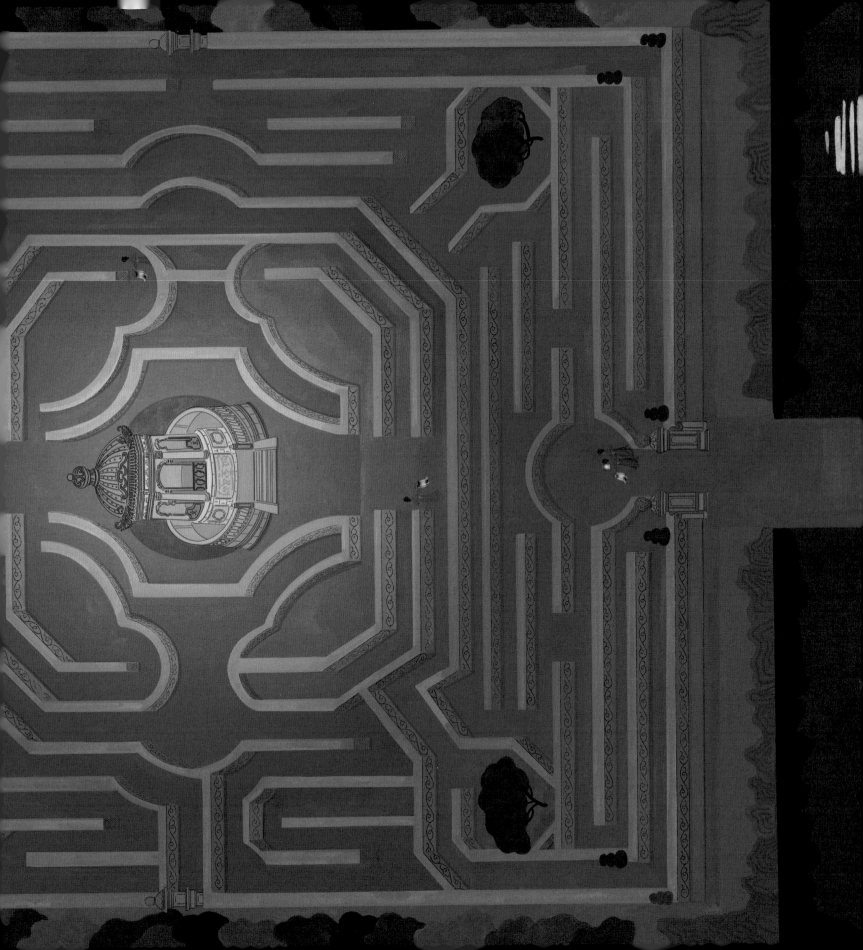

可惜的是，1856 年，万恶的英法联军发动了第二次鸦片战争。他们在 1860 年攻入北京城，大肆抢掠圆明园中的奇珍异宝，并把带不走的无情毁掉。为了逼迫清政府尽快签订不平等条约，10 月 18 日，英法联军放火焚烧了这座无与伦比的皇家园林，熊熊大火燃烧了三天三夜，几乎所有建筑都付之一炬。

英法联军的恶行受到了无数人的谴责，其中就包括《巴黎圣母院》的作者、法国文豪维克多·雨果。他曾写道："一天，两个强盗闯入圆明园，一个掠夺，一个纵火……这两个强盗，就是英国和法国。"

还记得前面提过的万字房吗？它寄托着天下太平的美好愿望，可惜这座独特华美的建筑也毁于 1860 年的那场大火，如今只剩下基座孤独地矗立在湖中。

  2020 年 12 月，第一件回到出生地的圆明园海外流失文物——马首，在圆明园唯一幸存的中式建筑正觉寺中展出。历经百年沧桑依旧栩栩如生的马首，仿佛在向世人诉说着百年的颠沛流离之苦和回归故土的欢欣。

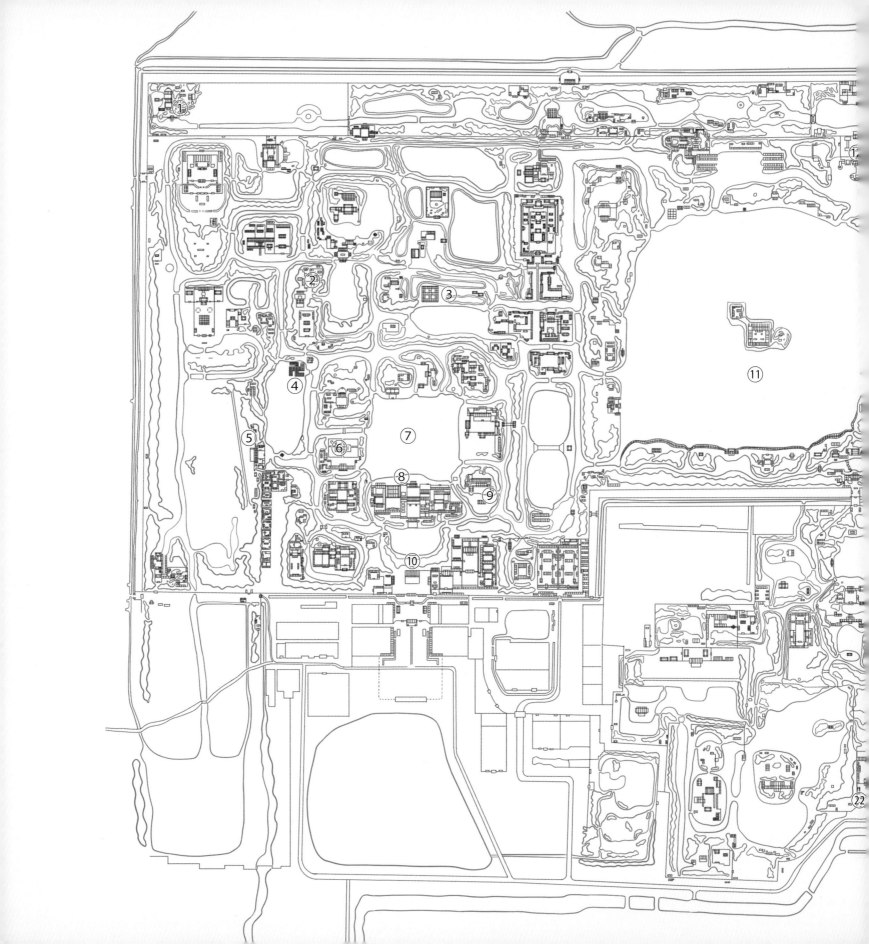